INCONSÉQUENCES

DE

M. DE LAMENNAIS,

OU

RÉFUTATION

DE

AMSCHASPANDS ET DARVANS,

DU PASSÉ ET DE L'AVENIR DU PEUPLE

ET DE CINQ ARTICLES DE L'*ALMANACH POPULAIRE*.

PAR

M. CABET,

Ex-Député, ex-Procureur-général, Avocat á Paris.

36 pages in-8. — Prix : 25 c. Par la Poste, 35 c.

PARIS,

Au Bureau du POPULAIRE, rue Jean-Jacques Rousseau, 14,

ET CHEZ TOUS LES LIBRAIRES.

1845

INCONSÉQUENCES

DE

M. DE LAMENNAIS.

§ I⁰ᵉʳ. — RÉFLEXIONS PRÉLIMINAIRES.

Déjà, dans un premier ouvrage, *le Passé et l'Avenir du Peuple*, M. *de Lamennais* déclara la guerre au *Communisme*, en le dénaturant.

La Presse anti-Communiste l'exalta. *Le National* surtout (15 juillet 1841), présentant le livre comme un *chef-d'œuvre de discussion et de style*, déclara que, si la *Communauté* était VAINCUE, il fallait en reporter L'HONNEUR à M. *de Lamennais*.

Voilà donc l'Hercule dont le Communisme doit le plus redouter la massue !

Nous lui répondîmes dans *le Populaire* (N° 6, première année, ou de septembre 1841) :

« C'est avec la plus profonde douleur que nous allons réfuter l'illustre auteur des *Paroles d'un Croyant*, du *Livre du Peuple*, de l'*Esclavage moderne*, etc. Personne n'aurait été plus heureux que nous de voir un écrivain, si puissant quand la vérité l'inspire, consacrer sa plume et l'autorité de son talent à la défense de la Communauté ; personne ne se serait placé avec plus de plaisir et de dévouement sous *son drapeau*, parce qu'il n'est aucun poste subalterne qui ne relève, au lieu de les abaisser, ceux qui n'ont d'autre passion et d'autre mobile que l'amour de la Patrie et de l'Humanité.

« Mais dans son livre *du Passé et de l'Avenir du Peuple*, résumé et conclusion de tous ses précédents écrits, M. *de Lamennais* attaque les COMMUNISTES, les Socialistes, les Owennistes, les Saint-Simoniens, les Fouriéristes ; c'est surtout contre les *Communistes* qu'il dirige ses coups en s'efforçant de les anéantir ; et comme nous nous sommes déclaré *Communiste*, comme notre *Voyage en Icarie*, dont nous lui avons envoyé le premier exemplaire, est le seul *traité* complet récemment publié sur la Communauté, c'est contre nous et nos écrits que sont réellement dirigées les attaques de M. *de Lamennais*, quoiqu'il affecte de ne nommer ni nous ni nos ouvrages. — Attaqué par lui avec tous les Communistes, nous ne pouvons nous dispenser de nous défendre.

« Si du moins les arguments de M. *de Lamennais* avaient ébranlé notre conviction ! Mais nous n'avons jamais vu d'argumentation aussi faible, aussi erronée, aussi remplie d'inconséquences et de contradictions ; nous n'avons jamais vu *dénaturer* ainsi les idées de ses adversaires pour les combattre plus aisément ; et quand un pareil accusateur montre tant d'impuissance contre le *Communisme*, nous le croyons *inattaquable ;* après l'avoir entendu, nous sommes, s'il est possible , *plus Communiste* qu'auparavant, et par conséquent plus résolu que jamais à défendre la *Communauté* envers et contre tous. »

Puis , nous réfutâmes rapidement son écrit, réfuté en même temps par tous les Socialistes.

Cependant, dans l'*Almanach populaire* pour 1843, et dans son nouvel ouvrage intitulé *Amschaspands et Darvans,* **M**. *de Lamennais* vient de renouveler ses hostilités contre les *Communistes,* sans les nommer, il est vrai, mais en les désignant clairement puisqu'il renouvelle contre eux ses arguments, ou plutôt ses attaques, en y ajoutant d'autres attaques plus dangereuses encore.

Et M. de Lamennais ne connaît aucun ménagement, prodiguant les expressions les plus blessantes (*absurdité, folie, extravagance, idiotisme, bêtise*) et les accusations les plus compromettantes (de vouloir l'abolition de la famille, l'esclavage , l'abrutissement, la tyrannie, la contrainte par le gibet, de provoquer le Peuple à la violence, au vol , au meurtre).

Et ces hostilités sont d'autant plus dangereuses que toute la Presse opposante (exclusivement politique et anti-socialiste) encense **M**. *de Lamennais* et recommande la lecture de ses écrits.

Ces hostilités sont d'autant plus dangereuses encore qu'elles peuvent appuyer et encourager les *persécutions* dont les Communistes sont actuellement les victimes.

Certes, **M**. de Lamennais a bien le droit d'attaquer nos doctrines , de les traiter de *folles,* d'*insensées,* d'*extravagantes ;* mais nous avons aussi le droit de les défendre, et nous aurions même celui de qualifier les siennes comme elles sont à nos yeux.

Lui , il désapprouve notre système ; nous, nous désapprouvons le sien !

Lui, il croit et dit que nous nous trompons ; nous, nous croyons et disons que ses écrits sont un tissu d'erreurs , d'inconséquences et de contradictions !

En un mot, il nous attaque nous autres Communistes ; et nous allons lui répondre, en réfutant rapidement ses opinions contre la Communauté, et en citant d'abord son *Livre du Peuple,* dans lequel il était communiste.

§ 2. — **Livre du Peuple.**

Dans son *Livre du Peuple*, pages 15 et suivantes, *M. de Lamennais* disait :

« Toutes choses ne sont pas en ce monde comme elles *devraient être.* Il y a *trop de maux* et des maux *trop grands.* Ce n'est pas là ce que *Dieu a voulu.*

« Les hommes, nés d'un même père, *auraient dû* ne former *qu'une seule grande famille*, unie par le doux lien d'un *amour fraternel*...

« Dans une *famille*, tous ont en vue *l'avantage de tous*, parce que tous s'aiment et que tous ont *part au bien commun*. Il n'est pas un de ses membres qui n'y contribue d'une manière diverse selon sa force, son intelligence, ses aptitudes particulières : l'un fait ceci, l'autre cela ; mais l'action de chacun *profite à tous*, et l'action de tous *profite à chacun*. Qu'on ait peu ou beaucoup, on *partage en frères ;* nulle distinction autour du foyer domestique. On ne voit point ici la faim, à côté de l'abondance. La coupe que Dieu a remplie de ses dons passe de main en main ; et le vieillard et le petit enfant, celui qui *ne peut plus* ou *ne peut pas encore* supporter la fatigue, et celui qui revient des champs le front baigné de sueur, y trempent également leurs lèvres. Leurs joies, leurs souffrances sont communes. Si l'un est infirme, s'il tombe malade, s'il devient avec l'âge incapable du travail, *les autres le nourrissent et le soignent*, de sorte qu'en aucun temps il n'est abandonné.

« *Point de rivalités possibles* quand on a un même intérêt ; *point de dissensions* dès-lors. Ce qui enfante *les dissensions, la haine, l'envie*, c'est le désir insatiable de POSSÉDER PLUS et tonjours plus, lorsque l'on POSSÈDE POUR SOI SEUL. La PROVIDENCE *maudit les* POSSESSIONS SOLITAIRES. Elles irritent sans cesse la convoitise, et ne la satisfont jamais...

« Il y a place *pour tous* sur la terre, et Dieu l'a rendue *assez féconde* pour fournir abondamment aux besoins de tous. Si plusieurs manquent du nécessaire, c'est donc que l'homme a *troublé l'ordre établi de Dieu*, c'est qu'il a *rompu l'unité de la famille* primitive, c'est que les membres de cette famille sont devenus premièrement *étrangers* les uns aux autres, puis *ennemis* les uns des autres.....

« Les passions mauvaises, et *l'égoïsme* d'où elles naissent toutes, ont armé les frères contre les frères : chacun a cherché son bien au dépens d'autrui, la rapine a banni la sécurité du monde, la guerre l'a dévasté. On s'est disputé avec fureur les lambeaux sanglants de *l'héritage commun*...... »

Or, la *Communauté*, telle qu'elle est organisée dans le *Voyage en Icarie*, est l'image la plus parfaite d'une *grande famille nationale*, ou, si l'on veut, la grande famille que M. de Lamennais regrette et désire ne peut être réalisée que par une grande *Communauté* comme celle *d'Icarie*.

Tout le monde généralement crut donc alors que M. de *Lamennais* était *Communiste*.

On le crut d'autant plus qu'il est *Prêtre chrétien*, qu'il parle sans cesse de Dieu, de religion, de dogme, de foi, de Christianisme, de *Jésus-Christ*, et que c'est une incontestable vérité, reconnue de lui, que *Jésus-Christ*, ses disciples, ses apôtres, les premiers Chrétiens, les Pères de l'Église, adoptèrent, prêchèrent, pratiquèrent la *Communauté*, pour réaliser une grande *famille*.

Tout le reste du *Livre du Peuple*, puis *l'Esclavage moderne*, puis *le Pays et le Gouvernement*, entretinrent cette idée en montrant *M. de Lamennais* toujours occupé à détruire l'organisation sociale actuelle, dont il développait tous les vices.

L'étonnement fut donc extrême quand, dans le *Passé et l'Avenir du Peuple*, on vit *M. de Lamennais* déclarer la guerre au Communisme.

§ 3. — **Le Passé et l'Avenir du Peuple**.

C'est ce livre qui contient réellement toute la philosophie et toute la pensée de M. de Lamennais. Nous le disséquerons peut-être un jour, pour démontrer que son auteur, habile et puissant pour la destruction, n'est plus rien quand il s'agit de construire et d'organiser. En attendant, nous en rapporterons aujourd'hui la substance sur la question sociale.

Dans les chapitres 15 et 16, M. de Lamennais prétend :

Que la Société ne pourrait exister sans la *propriété individuelle, accumulable, permanente, transmissible, appropriable*, et par conséquent sans la *possession solitaire* qu'il a précédemment déclaré être *maudite par la Providence ;* — que la Communauté ou la grande famille nationale détruirait le *droit* et le *devoir*, le *mariage* et la *famille*, la *liberté* et la *société*, le *progrès* et la *dignité humaine;* — qu'il est absolument nécessaire que chacun soit individuellement *propriétaire* et *possède pour soi seul*, quoi qu'il eût dit précédemment que quand on *possède pour soi seul* on veut *posséder plus et toujours plus;* et que cette possession solitaire excite *la convoitise, l'envie, la haine* et les *dissensions*.

Jamais *inconséquence* et *contradiction* n'avaient été plus choquantes : aussi, n'y eut-il qu'un cri dans le Peuple pour accuser M. de Lamennais d'*inconséquence* et de *contradiction*.

Rien n'égale même l'exagération, la violence et la manifeste fausseté des assertions de M. de *Lamennais* affirmant :

Que, dans la Communauté, il ne peut y avoir ni mariage et famille, ni mari et femme, ni père et enfant, mais seulement des *mâles*, des *femelles* et des *petits ;* — que, par le seul défaut de propriété individuelle, la Communauté ravale l'homme beaucoup au-dessous de l'*esclave* et même de la *brute*.

Non, nous ne connaissons rien (et nous en sommes désolé), nous ne connaissons rien de plus étrange, de plus surprenant, de plus erroné, de plus illogique, de plus puéril, de plus infidèle et de plus indigne de la vraie philosophie, que les arguments de M. de *Lamennais*.

Quoi ! dans le système des *Socialistes* en général, dans le *Phalanstère*, dans la *Communauté d'Icarie*, il n'y a que des *esclaves* et des *brutes*, des *mâles* et des *femelles*....!

Et pourquoi M. de Lamennais prétend-il que la propriété individuelle et solitaire est absolument indispensable à l'existence de la Société et du Genre humain ? C'est, dit-il, parce qu'il est nécessaire que l'homme ait de quoi se nourrir, se vêtir, se loger....! Comme si dans la Communauté d'Icarie l'homme n'avait pas la nourriture, le vêtement, le logement ! Comme si tous les membres de la *famille* qu'il décrit dans son *Livre du Peuple* n'étaient pas nourris, etc., avec la propriété commune de la Famille, quoique aucun de ses membres n'ait aucune propriété individuelle !

Il veut et croit écraser les Communistes sous le ridicule, en prétendant que, pour eux, le moyen de rendre *tout le monde* propriétaire c'est de faire en sorte que *personne* ne soit propriétaire, et que le moyen de réaliser la *liberté* universelle, c'est de constituer un *esclavage* universel, comme si ce n'étaient pas là de puériles et fausses *anti-thèses* indignes d'une discussion philosophique !. Car, au lieu de dire que les Communistes veulent que personne ne soit propriétaire, il devait dire qu'ils veulent que personne ne soit propriétaire EXCLUSIF, mais que tout le monde soit propriétaire INDIVIS et EN COMMUN, comme dans la *Famille* qu'aimait tant le même M. de Lamennais ; et d'ailleurs rien n'est évidemment plus imaginaire que l'esclavage universel dans la Communauté, puisque tous les citoyens y concourent à la confection de la loi, et que chacun y jouit de la plus complète indépendance. En vérité, nous nous sentons bien de la douleur dans l'âme quand nous voyons un pareil abus de l'art d'écrire !

Après avoir repoussé ou plutôt dénaturé le Socialisme et le Communisme, M. de Lamennais reconnaît, dans ce même livre du *Passé et de l'Avenir du Peuple* (chap. 16), qu'un *âge nouveau*, une *période nouvelle*, va s'ouvrir ; et il entreprend de fixer *l'avenir du peuple*, c'est-à-dire de donner son propre système de nouvelle organisation sociale. Il dit que le problème social de l'avenir consiste dans *l'abolition du prolétariat* ; que, pour l'abolition du prolétariat, il faut la *réforme politique* ou le suffrage universel, et ensuite la *propriété individuelle* pour chacun ; que, pour conquérir la réforme politique, il faut que les prolétaires s'unissent et signent des PÉTITIONS ; que, quand ils feront les lois, ils en feront pour assurer *l'instruction, l'association, l'avance du capital* nécessaire au travailleur, enfin l'acquisition d'une *propriété* par le *travail*, sans inquiéter les propriétaires actuels.

Avant tout et par dessus tout, il exige que le Peuple ait une *religion*, un *dogme* religieux, une *foi* religieuse, une *croyance* religieuse ; et sa conclusion est celle-ci :

« Prolétaires, hommes du peuple, CROYEZ donc, *si vous voulez vivre;* « CROYEZ, et votre FOI vous SAUVERA. »

Nous ne pouvons ni ne voulons démontrer ici combien ce système social de M. de Lamennais est défectueux, vicieux, dérisoire, rempli d'inconséquences, inférieur sur tous les points aux systèmes Fourriériste et Communiste ; nous dirons seulement à M. de Lamennais :

1° Votre système, c'est la *Réforme politique* d'abord, comme *moyen* d'effectuer ensuite la *Réforme sociale :* et vous croyez que ceux qui ne veulent pas de Réforme sociale voudront et consentiront la Réforme politique ! Vous croyez que la Réforme politique, pour procurer une propriété individuelle à tous les prolétaires, inquiétera moins que le Communisme les propriétaires actuels, qui sont les électeurs, les législateurs, les gouvernants !

2° Vous engagez les Prolétaires à multiplier les *pétitions* pour étouffer la *tyrannie* sous leur masse. Eh bien, puisque votre système social est si beau, si parfait, si sûr, si supérieur au Fouriérisme et au Communisme, pourquoi ne l'avez-vous pas développé dans tous ses détails, en montrant une grande Société organisée par vous (comme nous avons organisé la Société d'Icarie), pour montrer la possibilité de votre système et sa puissance pour constituer l'ordre, la paix, la fraternité et le bonheur, dans cette Société transformée en Famille? C'était le moyen d'avoir des millions de pétitionnaires! Puisque vous condamnez si tranchément, si durement, les autres systèmes, puisqu'on vous reconnaît si généralement le génie de la persuasion et de l'organisation, pourquoi n'avez-vous pas persuadé, convaincu, entraîné les Prolétaires à signer la pétition pour la Réforme? C'est vous surtout qui avez organisé le *Comité central* de la Réforme, et *toute la Réforme* (car MM. Laffitte et Dupont de l'Eure n'ont fait que donner leurs noms, et M. Arago, qui s'absentait, vous a laissé le soin de tout organiser); vous étiez l'âme, la tête, la bouche, la plume de la Réforme; vous avez tout dirigé, tout conduit, avec *le National*: qu'en avez-vous fait? Qu'avez-vous fait des *pétitions?* Nous n'apercevons que les *Bastilles,* demandées par le journal Réformiste, sous les yeux du Comité central de la Réforme présidé par vous!

3° Vous reconnaissez que toutes les religions du passé sont des *mensonges,* que tous leurs prêtres sont des *menteurs*; vous soutenez qu'une *Religion,* par conséquent une Religion nouvelle, un *dogme* nouveau, une *foi* nouvelle, une *croyance* religieuse nouvelle, sont absolument indispensables pour servir de base à votre nouvelle organisation sociale; vous annoncez cette Religion, ce dogme, cette foi, cette croyance qui *sauvera* l'Humanité; d'autres vous annoncent vous-même comme le Messie, comme le Sauveur : Eh bien! faites donc, créez donc, enfantez donc, et mettez au soleil votre Cosmogonie, votre histoire du Créateur avant la création, votre histoire de la Création du Genre humain! Formulez votre religion, votre dogme, votre foi, votre croyance! Alors, nous verrons... Peut-être nous prosternerons-nous...

Mais jusques-là, daignez, Monsieur de Lamennais, nous faire l'honneur de *croire* que nous ne sommes pas assez enfants pour que personne, pas plus vous qu'aucun autre, puisse avoir la prétention de nous dire sérieusement : CROYEZ et votre FOI vous SAUVERA !

Voyons maintenant, *cinq articles* de M. de Lamennais dans *l'Almanach populaire.*

§ 4. — Almanach populaire de 1843.

1° — Citons d'abord cette étrange opinion de M. de Lamennais sur le SOLDAT, placée en tête de l'Almanach et en gros caractères, comme 'article principal.

« Otez les guerres de dévastation et de conquêtes barbares, comme celle de l'Amérique par les *Espagnols*, partout on *honore* le guerrrier ; et *la gloire* des armes, si elle n'est pas *la plus élevée*, est du moins *la plus brillante*, celle qui émeut et frappe le plus les peuples. On *respecte* le soldat : le dirai-je ? on reconnaît en lui je ne sais quoi qui rappelle une espèce de *haut sacerdoce*. Et pourtant qu'est-ce qu'un soldat ? Un homme dont la fonction est, en s'exposant à être tué lui-même, *de tuer d'autres hommes*. Vu de ce côté, cela est horrible. N'y aurait-il point de ce fait une *cause cachée*, une cause *qui le rattacherait aux lois ordinaires et générales de la nature humaine* ? Car enfin partout aussi on a horreur du meurtrier, et nulle part la conscience ne pactise avec le sang.

a Dans tous les temps, chez toutes les nations, on trouve certains hommes investis de la *religieuse mission* de réprimer et de punir le crime, d'assurer la sécurité publique et privée en faisant régner la *justice*. Sans cette *sublime institution* d'une magistrature nationale, toujours profondément révérée lorsqu'elle n'est point corrompue dans son exercice, chaque homme en serait réduit à se défendre lui-même, et l'état de guerre serait universel. Or, de peuple à peuple nulle magistrature. Quand donc un peuple est attaqué, lorsqu'il souffre une injustice, la guerre est l'unique moyen qu'il ait de s'en garantir, et alors quelques uns *se dévouant* pour tous, s'élèvent par ce *dévouement* même à une sorte de *magistrature* qui leur communique sa propre grandeur. Ils deviennent comme le juge, *des ministres de la* justice *éternelle, immuable*, et, en donnant leur vie pour elle, ils ajoutent *l'héroïsme du sacrifice* à la sublimité de leurs fonctions. S'il existait entre les peuples des tribunaux dont les sentences eussent une sanction suffisante, comme il en existe entre les individus, on verrait peu à peu changer l'opinion en ce qui touche la guerre ; elle inspirerait la même horreur que tout autre genre de meurtre, parce qu'elle ne serait plus en effet que le meurtre pur et simple. Les développements futurs de la civilisation amèneront-ils une institution semblable ? Je le crois, et *ce temps* ne me paraît pas même extrêmement éloigné pour les nations chrétiennes. »

F. LAMENNAIS.

Ainsi, dans l'état actuel de l'Humanité, la guerre est l'effet d'une *cause cachée*, qui se rattache aux *lois ordinaires et générales* de la nature humaine ! Le soldat *se dévoue* volontairement, et *se sacrifie* héroïquement (quoique généralement il ne serve que par force ou pour avoir un métier) ! Il exerce une espèce de *haut sacerdoce*, il remplit une *religieuse mission*, il est un *ministre de la Justice éternelle, immuable* !!!.. Et à Barcelonne, Monsieur de Lamennais, à Lyon, à Paris en 1830 ?... Et quand *deux armées* se battent, toutes deux sont elles-également les ministres de la Justice divine ? D'après votre dernier ouvrage, si l'une est dirigée par les *Amschaspans* ou les Anges, l'autre ne l'est-elle pas par les *Darvands* ou les démons ?

Et les *Bastilles*, Monsieur de Lamennais ? ce sont des temples sacrés ? le bruit de leurs canons est la musique sainte ? les bombes sont la foudre divine ?...

2° Dans l'article intitulé *le Droit du plus fort* (page 48), on lit :

« Ils prétendent *organiser la vie du corps social*, ils inaugurent le règne de la force.

« Qui répondra à ces *sophistes?* Quelle voix fera triompher les vrais principes de la *charité* et de la *justice?* Apôtre de la liberté, doux prédicateur de la *démocratie*, LAMENNAIS, notre *maître*, ce sera vous !

Puis on cite l'opinion suivante de M. de Lamennais :

« Quelques-uns ont froid, et vous dites : — C'est qu'on n'a pas ré-
« *parti équitablement* les rayons du soleil; comptons ce qui nous en ar-
« rive chaque jour et faisons une *distribution plus égale.*—Et moi, je
« vous dis :—Étendez les bras, et *réchauffez votre frère sur votre sein.*
« Votre science n'est qu'une *folie*, et votre justice une dérision, quand
« elle n'est pas un meurtre. (*Politique à l'usage du Peuple.*) »

Ainsi, Monsieur de Lamennais, vous appelez *fous* et presque *meurtriers* ceux qui demandent une *distribution plus égale* pour garantir du *froid !* Vous voulez que celui qui a trop de chaleur *réchauffe son frère sur son sein* (ce qui serait une occupation bien productive pour l'humanité), mais vous ne voulez pas que le frère demande, et que le frère accorde une *distribution plus égale :* ce serait, apparemment, contraire à la charité et à la fraternité !

« En voilà qui ont *faim,* c'est que d'autres mangent trop; c'est le résul-
« tat de la *propriété ;* établissons que le pain désormais *n'appartiendra*
« *primitivement à personne :* chacun en recevra *selon ses besoins.* —
« *Insensés !* dans quelle balance les pèserez-vous ces besoins indéfini-
« ment variables? C'est *l'amour* qui pèse la souffrance au fond du *cœur,*
« là où gît le *trésor inépuisable* qui la soulagera. Vous n'avez que des
« vues, des pensées *matérielles*; mais l'homme n'est matière que par une
« faible portion de lui-même ; c'est pourquoi ses lois vous échappent :
« vous les cherchez dans la boue de la terre, elles sont dans la lumière de
« *Dieu.* »

Ainsi, Monsieur de Lamennais, vous appelez INSENSÉS ceux qui demandent que, pour éviter la faim, le pain n'appartienne exclusivement à personne, afin que chacun en reçoive suivant ses besoins !... Mais *Dieu* qui, suivant vous, envoyait la *manne* pour tous les Israélistes dans le désert, *Jésus-Christ* qui instituait la Communauté et les repas communs, représentés encore aujourd'hui par la *communion* et par la distribution du pain béni, les *premiers chrétiens* et les *Pères de l'Église* qui pratiquaient la Communauté, étaient donc tous des INSENSÉS ! Vous ne voulez pas que le frère partage le pain avec son frère, et vous parlez de *fraternité*, d'*amour*, de *cœur*, de *Dieu !* Et vous criez sans cesse contre le riche qui ne permet pas même au pauvre de balayer les *miettes* qui tombent de sa table de festin !

Non, on n'a jamais vu pareil chaos de contradictions !

3° — Cet article est suivi d'un autre, en petit texte, dans lequel nous ne trouvons absolument rien.

« Mon *âme*, pourquoi es-tu triste? Est-ce que le soleil n'est pas beau, est-ce que sa lumière n'est pas douce, à présent que l'on voit et les feuilles et les fleurs, avec leurs mille nuances, éclore sous ses rayons, et la nature entière se ranimer d'une vie nouvelle? Quand les vents légers agitent l'air, on dirait le soufle des anges se jouant dans une mer de parfums. Tout ce qui respire a une voix pour bénir celui qui prodigue à tous ses largesses. Le petit oiseau chante ses louages dans le buisson, l'insecte les bourdonne dans l'herbe. Mon âme, pourquoi es-tu triste, lorsqu'il n'est pas une seule créature qui ne se dilate dans la joie, dans la volupté d'être, qui ne se plonge et ne se perde dans l'amour?

« Le soleil est beau, sa lumière est douce, le petit oiseau, l'insecte, la plante, la nature entière a retrouvé la vie, et s'en imprègne, et s'en abreuve : et je soupire, parce que cette vie n'est pas venue jusqu'à moi, parce que le soleil ne s'est pas levé sur la région des âmes, qu'elle est demeurée obscure et froide. Lorsque des flots de lumière et des torrents de feu inondent un autre monde, le mien reste noir et glacé. L'hiver l'enveloppe de ses frimas, comme d'un suaire éternel. Laissez pleurer ceux qui n'ont point de printemps. »

F. LAMENNAIS.

Qu'est-ce que cela signifie ? A quoi cela peut-il être utile ? Que peut-on trouver là d'admirable?

4°. — Mais voici qui est plus grave ; c'est l'article intitulé *Conséquences d'une Théorie* (page 112). Voici d'abord comment *M. de Lamennais* expose la *Théorie :*

« La Société , disent quelques-uns, dans leurs RÊVES d'*unité sociale* et de *bonheur commun*, ÉLIT ses propres directeurs, qui seront, comme de raison, les plus éclairés, les plus sages et les plus vertueux. Le *pouvoir organise* les travaux, *assigne à chacun sa fonction*, donne aux enfants élevés dans les établissements publics une *éducation uniforme*, de rigueur pour tous, et *détermine* ensuite l'état qu'ils devront *forcément* embrasser. Chaque membre de la société reçoit une *part proportionnelle* à sa capacité et à ses œuvres , ou, selon d'autres, *égale pour tous*, des produits créés par le travail. »

RÊVES d'*unité sociale* et de *bonheur commun !*... — Ce sont bien les *Communistes* que vous désignez. Mais est-ce que vous blâmez, méprisez, excommuniez ceux qui font de pareils rêves ? Est-ce que vous ne rêvez pas ainsi vous-même quand, dans votre *Livre du Peuple*, vous bénissez la *famille humaine* et la possession commune ?

La *Société* ÉLIT... — Est-ce que, par hasard, vous ne voulez plus de l'*élection* ? Est-ce que vous voulez maintenant l'hérédité, le sort, pour être plus sûr d'avoir les Directeurs les plus *éclairés*, les plus *sages*, les plus *vertueux ?*

Le *Pouvoir organise* les travaux... — Ici, vous dénaturez la Théorie, et cela n'est pas bien, Monsieur de Lamennais! Dans la Théorie Communiste Icarienne, ce n'est pas le Pouvoir exécutif qui organise les travaux ; c'est la Loi, c'est la Représentation nationale après avoir consulté tous les savants, toutes les Assemblées populaires, la Nation entière. Et cela ne s'applique d'ailleurs qu'à la grande division ou organisation des travaux. Le Pouvoir exécutif fait ensuite exécuter la loi. Puis, dans chaque grand atelier, les chefs ou directeurs sont élus par les travailleurs de l'atelier. Eh bien ! que trouvez-vous à redire à cela , Monsieur de Lamennais? Comment vous y prendriez-vous autrement dans votre *grande famille?* Est-ce que personne n'y organiserait, n'y diviserait les travaux?

Le *Pouvoir assigne à chacun sa fonction...* — Vous dénaturez encore la Théorie Icarienne ; et ce n'est pas philosophique, Monsieur de Lamennais ! En Icarie, toutes les fonctions sont électives, dans l'atelier comme ailleurs.

Le *Pouvoir donne aux enfants une éducation uniforme...* — Vous dénaturez encore, Monsieur de Lamennais, et ce n'est pas Chrétien ! C'est la loi ou le Peuple entier qui règle l'éducation ! Est-ce que l'Eglise ne donne pas le baptême, le catéchisme, l'éducation religieuse, d'une manière uniforme ?

Le *Pouvoir détermine l'état* que chacun devra *forcément* embrasser... — Mais vous dénaturez toujours, Monsieur de Lamennais, et cela est fort mal ! Dans la Théorie Icarienne, on n'impose rien par la force ; les professions sont généralement choisies ou obtenues au concours ; tous les citoyens sont d'ailleurs si instruits et tous les travaux sont rendus si faciles par les machines, que tous ont de l'attrait pour chaque travailleur. Et puis, comment feriez-vous vous-même dans votre système, si tous les travailleurs voulaient les mêmes travaux et repoussaient certains autres ?

Part égale pour tous,... — Si vous voulez faire entendre qu'il s'agit d'une égalité *absolue,* vous dénaturez plus que jamais, Monsieur de Lamennais, et cela n'est pas beau ! Car, dans la Théorie Icarienne, l'égalité est relative comme dans votre famille de votre *Livre du Peuple.*

Voilà comment on dénature une Théorie pour la combattre plus aisément ; voici comment on la combat, en dénaturant toujours :

« Pour justifier cette théorie, on dit que chaque individu est *tenu* de se *dévouer* au bonheur de tous, de se *sacrifier* à la société dont il n'est qu'une petite fraction. »

Mais, Monsieur de Lamennais, vous dénaturez encore ou vous exagérez : on n'est pas *tenu* de se *dévouer* ou de se *sacrifier* dans la rigueur du terme, c'est-à-dire gratuitement, sans compensation ; ce n'est pas un *dévouement* et un *sacrifice* proprement dits ; car, puisque chacun travaille pour les autres, il en résulte que tous travaillent pour chacun ; les cordonniers font des souliers pour les maçons, les ébénistes, les tailleurs et pour tous les autres ; et les maçons, les ébénistes, les tailleurs, tous les autres, font, pour les cordonniers, des maisons, des meubles, des habits, etc. ; chacun sert tous, parce que tous servent chacun.

« Ainsi donc, pour réaliser cet universel bonheur, on commence par *ravir* à chaque individu son libre arbitre, sa liberté d'homme, et par le *réduire,* quelles que soient son intelligence, son activité, son industrie, *à un salaire fixé par le pouvoir social,* suivant les uns, ou, suivant les autres, à la *pitance du moine* dans son couvent. »

Non, Monsieur de Lamennais, on ne *ravit* à personne son libre arbitre ; mais tous exercent leur libre arbitre, leur raison, leur volonté, pour organiser tout dans l'intérêt commun et pour le plus grand bonheur de chacun ! Non, Monsieur de Lamennais, on ne fixe pas de *salaire,* puisque la Communauté donne à tous le logement, la nourriture, le vêtement, d'après le principe de l'égalité et de la fraternité ! Non , Monsieur de Lamennais, il ne s'agit nullement de la *pitance* du *moine* dans un *couvent*, c'est une pure invention de votre part ; car vous savez qu'on est bien nourri en Icarie !

Mais d'ailleurs, Monsieur de Lamennais, vous ne voulez donc plus qu'on travaille et qu'on partage en frères comme dans votre *famille* de votre *Livre du Peuple?* Vous vous rétractez donc? Est-ce que la Providence ne maudirait plus les possessions solitaires et ne bénirait plus la fraternité ? Mais, dans vos *Amschaspands* (p. 257), vous voulez formellement que chacun *obéisse au devoir ;* vous affirmez que *la* LOI *divine* COMMANDE de SE DÉVOUER, de SE SACRIFIER aux autres. Ainsi vous voulez, vous ne voulez plus, vous voulez de nouveau...; vous dites oui, non, oui, non....; vous êtes blanc, bleu, blanc, rouge. En vérité, Monsieur de Lamennais, vous êtes désespérant avec vos *inconséquences* , vos contradictions, vos variations, vos métamorphoses ! Prothée n'était pas plus insaisissable !

« Je conçois, certes, que c'est là un grand, un *immense sacrifice.* Mais comme il sera d'obligation pour tous indistinctement, à *qui profitera-t-il*, je vous prie ? Qu'est-ce que cette *abstraction* appelée société, qui sera libre, heureuse, tandis que chaque membre réel et vivant de la société, *plus serf que le serf du moyen âge*, n'aura rien en propre, et, depuis le berceau jusqu'à la tombe, *ne pourra pas un seul instant disposer de soi?* On sera libre et heureux collectivement, et individuellement *esclave*, individuellement *plus misérable que le nègre des colonies*, qui peut se faire un petit *pécule* et s'en servir pour se racheter. »

C'est un *immense sacrifice.* — Mais non, Monsieur de Lamennais, puisqu'il y a une immense compensation !

A qui profitera-t-il ? — Comment, Monsieur de Lamennais , c'est vous qui faites une pareille question ! Mais je doute si je veille ou si je dors !.. Rappelez-vous donc ce que vous avez dit vous-même dans votre *Livre du Peuple* en parlant de la famille (voir ci-dessus, page 3). « L'action de chacun *profite à tous*, et l'action de tous *profite à chacun.* » Non, il n'est pas possible d'être plus oublieux , plus inconséquent, et d'ailleurs plus faible logicien que vous !

Plus serf que le serf du moyen âge, *plus misérable* que le nègre des colonies. —Mais, Monsieur de Lamennais, vous avez lu mon *Voyage en Icarie ;* et il n'a pas pu vous empêcher de parler ainsi ! Ah ! je rougis de son impuissance !

« Mais voilà tous ces gens à l'œuvre : qui les dirigera ? qui les surveillera? qui saura de quelle manière chacun d'eux accomplit sa tâche? qui recueillera les produits ? qui les échangera, les vendra ? Car une partie devra passer par le commerce à l'étranger. Qui touchera le prix de la vente ? qui le distribuera ?

Vous demandez *qui*, Monsieur de Lamennais! Quoi! vous ne le devinez pas ! mais ce seront les *élus* ! Et d'ailleurs, comment auriez-vous donc fait jadis, quand vous vouliez votre *famille* de votre *Livre du Peuple* ?

« . . . . Il faudrait *autant de surveillants*, autant d'agents du pouvoir, que de *travailleurs réels*. Et qu'est-ce que cela, sinon l'*esclavage antique*, une classe de *maîtres* ordonnant, administrant, n'importe au nom de qui, et une classe de machines employées à la production ? *L'hérédité* au moins n'y sera pas ! *Elle y serait bien vite,* elle y serait le lendemain, si, de toutes les choses impossibles, un pareil système n'était pas la plus *impossible, grace à Dieu.*

F. L.

Autant de fonctionnaires que de travailleurs.— Mais vous n'y pensez pas , Monsieur de Lamennais ! C'est une petite exagération, que vous rétracterez sans doute plus facilement encore que votre *famille*.

La Communauté est la chose la plus impossible GRACE A DIEU. — Oh ! pour le coup , Monsieur de Lamennais, je ne m'attendais pas que ce serait vous qui rendriez grâce à *Dieu* d'empêcher la Communauté, vous qui invoquiez la *Providence* pour bénir la possession commune en famille et pour maudire les possessions solitaires !...

5o Après cet article *Conséquences d'une Théorie,* en vient un autre, très petit, également signé F. L., ou François Lamennais, qui n'est pas moins extraordinaire.

« La société est tout, disent-ils, *l'individu n'est rien.* » Supposons donc que ce qui n'est rien ne soit pas, *qu'il n'existe point* d'individus, *que sera la société ?* Otez les parties, que deviendra le tout ? O terrible puissance de *l'abstraction !* et à quelles énormités d'*idiotisme et de bétise* ne peut-elle pas conduire les hommes qui n'ont de règle que leur *propre sens !*

L'individu n'est rien, disent-ils. — Mais, Monsieur de Lamennais, citez, nommez ceux qui disent cela ! Personne ne le dit ! Tout le monde, au contraire, dit que les hommes se mettent en société pour leur intérêt commun, et qu'ils sacrifient quelques-uns de leurs droits naturels pour mieux garantir et conserver leurs autres droits. Est-ce qu'il est une seule Société dans laquelle la constitution et les lois ne s'occupent pas sans cesse des individus ? Est-ce que dans Icarie chaque individu n'est pas électeur, éligible, membre de l'assemblée populaire ? Est-ce que toute l'activité sociale n'a pas pour but unique de nourrir, loger, vêtir chaque individu, de lui donner l'éducation, de le marier, etc. ? Allons , Monsieur de Lamennais, vous transformez les moulins à vent en géants, pour les pourfendre de votre redoutable lance !

Vous ajoutez aussi gravement qu'un chevalier espagnol : « Supposons qu'il n'existe pas d'individus, *que sera la société ?* Eh ! mon Dieu , Monsieur de Lamennais, je ne comprends pas qu'un si rude logicien soit embarrassé ! La réponse me paraît bien simple et bien facile : *il n'existera pas alors de société !*

Cependant, vous vous écriez triomphalement : «O terrible puissance

« de l'*abstraction !* À quelles *énormités* d'IDIOTISME et de BÊTISE
« ne peut-elle pas conduire *les hommes* qui n'ont de règle que leur
« PROPRE SENS ! »— Mais que vous êtes dur, Monsieur de Lamennais, peu généreux, impitoyable, écrasant sous votre massue ! Et si l'on
vous appliquait la loi de Moïse dictée par Dieu, dit-on, la loi du *talion* !
Si l'on vous opposait vos éternelles *abstractions ;* car personne n'en
fait autant que vous des *abstractions* ! Et dites-moi quelle est l'*abstraction* qui vous fait comprendre qu'un homme puisse avoir une
autre *règle* que son PROPRE SENS ! Est-ce que par hazard vous auriez
pour règle, vous, le SENS *d'un Amschaspand* ?

Nous voici naturellement amenés à examiner vos *Amschaspands*.

§ 5. — Amschaspands et Darvans.

M. de Lamennais, Chrétien jusqu'à présent, semble adopter maintenant la Religion et le Dieu de la Perse, *Ormuzd*.

Il expose qu'*Ormuzd* ou le *Principe du bien,* ou *Dieu,* a conçu et
exécuté la Création de l'Univers et de l'homme ; qu'il a décrété la destinée de l'Humanité ; que de lui naquirent les *Amschaspands* ou les
Génies du bien, ou les *Anges;* qu'*Ahriman* est le *Principe du mal* ou le
Diable (sans qu'il explique s'il existait par lui-même ou s'il a été créé
par Ormuzd) ; que de cet Ahriman naquirent les *Darvands,* ou les *Génies du mal,* ou les *Démons ;* que, suivant la volonté et le décret d'Ormuzd, les Génies du bien et du mal furent envoyés sur la terre pour
tirailler l'homme en sens contraire ; que l'homme, plus faible qu'eux,
devait être entraîné tantôt par les uns, tantôt par les autres ; que l'influence des Génies du bien devait augmenter sans cesse et perfection-
ner l'homme ; qu'à une certaine époque (non indiquée, mais annoncée
comme prochaine aujourd'hui) ces Génies du bien devaient être vain-
queurs et conduire l'homme à la perfection.

Comme on le voit, c'est le *fatalisme,* dans lequel l'avenir, la destinée, le progrès, sont réglés et fixés par un *décret immuable* d'une volonté suprême, qui a voulu faire de l'homme un être faible, entraîné,
passif.

D'après M. de Lamennais, ce sont les Génies du bien qui font tout le
bien, et ce sont les Génies du mal qui font tout le mal.

A quoi bon alors donner des conseils à l'homme et faire des livres
pour lui ? C'est pour les Génies du mal ou du bien qu'il faudrait en
faire ! Et encore à quoi bon, puisqu'ils ne peuvent écouter un *homme*
ni changer en rien la *destinée* de l'Humanité !

Voici maintenant le plan et la forme de l'ouvrage. Chaque chapitre
(et il y en a 55) est un entretien entre deux Génies du bien ou entre
deux Génies du mal. M. de Lamennais met dans la bouche des premiers toutes ses idées de réforme, et dans la bouche des seconds toutes
ses critiques contre tout ce qu'il trouve mauvais. C'est donc une suppo-

sition, une allégorie, une fable, un conte, une énigme; le style est mystique, biblique, fantastique ; ce qui fait de l'ouvrage un long mensonge, ce qui le rend obscur, pénible à lire ; ce qui en fait souvent un véritanle chaos d'obscurité et de contradiction. Dans sa forme, c'est le plus impopulaire de tous les livres.

Voyez d'abord les jolis noms de ses personnages, qui sont les titres de ses chapitres :

« Balman à Schahriver. — Dahman à Ardibehescht. — Serosch à Amerdad. — Amerdad à Serosch.—Dahman à Aschesching. — Aschesching à Dahman. — Sapandomad à Eiathrem. — Bahman .à Khordad. —Zaretch à Akouman. — Eghetesch à Astouïad. — Dahman à Schahriver. — Schahriver à Dahman. »

Et ainsi pour les quarante-trois autres chapitres.

Dans le chapitre 7, il peint ainsi le vice de l'inégalité :

« Pur et fidèle Ized (ange), la Terre, par tes soins, *produit* en abondance tout ce qui est nécessaire à l'homme ; et cependant une nombreuse partie de la *famille humaine* languit et gémit dans les angoisses d'un *dénûment* tel, que la plus élevée des créatures en paraît aussi *la plus misérable*. Je ne saurais t'expliquer ce que j'éprouve à l'aspect des souffrances dont mes regards sont sans cesse frappés; et ce qui m'émeut le plus douloureusement, c'est qu'à côté de la multitude exténuée d'un labeur stérile pour elle, défaillante de besoin , d'autres, en possession de tous les biens qui lui sont déniés, *regorgent,* dans leur oisive mollesse, de jouissances qui fatiguent le désir même. »

« Des *enfants d'un même père,* les uns ne sauraient être nés pour une vie de *misère* et de travail sans fruit, les autres pour user d'eux comme on use de la *brute,* et avec moins de ménagements , moins de pitié encore. Est-ce qu'ils n'ont pas été allaités par les mêmes mamelles ? Est- ce qu'ils ne sont pas tous libres au même titre ? Est-ce qu'il n'a pas été dit au fort d'aider le faible, de le soutenir, de le prendre dans ses bras quand ses genoux fléchissent ? Est-ce que la *faim dans la servitude* a dû être la destinée des *trois quarts* de la race humaine ? Je prévois d'*effrayantes catastrophes.* »

C'est une répétion du *Livre du Peuple ;* et , en général, le dernier écrit n'est qu'une répétition des premiers, sans contenir rien d'important qui soit nouveau.

Dans le chapitre 9, il prodigue aux *Nations* des sarcasmes que nous trouvons bien peu philosophiques :

« Toutefois, entre les convulsions qui les saisissent quand la souffrance dépasse certaines bornes , ou les efforts qu'elles tentent pour améliorer leur misérable condition, quand, par miracle , une lueur de bon sens illumine leur *épaisse cervelle,* c'est plaisir de voir comme elles acceptent tout, se soumettent à tout, pourvu que tout se fasse aujourd'hui comme hier, que le *bâton* se lève et retombe selon la même cadence, meurtrisse le corps aux mêmes endroits et dans la même mesure. Cette régularité les charme, les ravit; ils la nomment LOI. On les *bat* , on les *bride,* c'est la LOI; on les déchire à coups de *lanière,* c'est la loi : seulement qu'on ne change ni le *fouet* ni le *licou,* c'est ceci qui vraiment serait intolérable. Et toujours leur licou est le plus beau licou, leur fouet le plus beau fouet : quel autre Peuple en a de semblables ?

« Les choses vont de la sorte tant qu'elles peuvent aller, et très commodément pour ceux qui réussissent à se jucher sur *le dos de ces placides* BÊTES aux larges flancs, aux membres robustes, qu'on appelle *Nations*. Ceux-là sont le Gouvernement. Chaque *bête* a le sien. Telle est la puissance incroyable de l'habitude, que l'idée de s'en passer, de se conduire elle-même, ne lui vient même pas ; il faut à toute force un *cornac* à cet *éléphant*. »

Quel bien peuvent faire ces sarcasmes ? C'est le *remède* qu'il faut indiquer !

Dans le chapitre 11, il reproche vivement au *Peuple* Anglais (ce serait plus vrai si c'était à l'Aristocratie), sa cupidité et sa barbarie : mais à quoi bon, puisqu'il n'indique pas le remède ?

Dans le chapitre 12, il annonce une Religion nouvelle, ouvrant une ère nouvelle : — Mais quelle est cette Religion ? Qu'il la formule donc !

Dans le chapitre 14, il attaque les Gouvernements passés, même le Gouvernement républicain après notre grande Révolution, sans indiquer quelle est sa République à lui.

Dans le chapitre 18, il présente encore la *propriété individuelle* comme nécessaire à l'indépendance, comme si la propriété commune n'assurait pas l'indépendance dans la Communauté ! comme s'il n'avait pas demandé d'abord la propriété commune dans la *Famille* !

Dans le chapitre 24, il condamne le *divorce* : — mais qu'il en donne donc une raison, une seule, qui soit discutable devant la philosophie ! N'est-elle pas bien étrange cette opinion de M. de Lamennais contre le divorce ?

Dans le chapitre 27, il s'écrie :

« Qu'est-ce aujourd'hui que les Religions ? *Mensonge* ! Qu'est-ce que la justice, les lois, la politique ? *Mensonge* ! Tous mentent, *prêtres*, rois, grands, petits. »

Mais le remède ? C'est le remède qu'il faut trouver !

Dans le chapitre 37, il revient à la Famille :

« Aux pures et douces lois de la *Famille*, sous lesquelles les hommes étaient *destinés à vivre*, on a *substitué* une organisation de conquête. Nés égaux, ils ont introduit parmi eux une *inégalité impie* ; nés libres, ils se sont forgés des fers. En vain la nature gémit et s'indigne ; en vain des maux qui naissent perpétuellement l'un de l'autre avertissent les Nations de leur égarement ; en vain les Amschaspands s'efforcent de les ramener dans les voies d'Ormuzd ; au lieu de frères disposés à se venir mutuellement en aide, à se tendre avec amour une main secourable, on ne voit, sur la terre profanée, que des *troupeaux d'esclaves* chassés au travail par des *maîtres armés de fouets*. »

Mais à quoi bon ces éternelles lamentations sur le mal, si l'on n'indique pas le remède ?

Dans le chapitre 43, il se moque de la Bible : il prétend que c'est un Démon qui a fait dire :

« Que la misère vient d'Adam, et que c'est pour avoir *mangé mal à propos* qu'ensuite les autres ont dû *ne pas manger du tout,* juste punition de la *gourmandise de leur père...* »

Mais il ne dit pas, pour cela, quelle est la véritable cause et surtout quel est le remède de la misère !

Dans le même chapitre, il attaque les *Communistes.*

« D'autres ont fait ce raisonnement superbe : Les hommes souffrent ; pourquoi ? Parce que les uns *possèdent trop,* et les autres *trop peu.* Quel remède à cela ? Evidemment que *personne ne possède.* Alors les différences se fondront et disparaîtront dans une *parfaite égalité.* Plus de querelles, plus de disputes. Comment voulez-vous qu'on se dispute un *rien* ? »

Mais ce n'est pas là une discussion philosophique ! C'est une honteuse dérision ! Est-ce qu'il n'y a *rien* en Icarie, *rien* à partager, *rien* à se disputer, si la raison n'empêchait pas là toute dispute ? La Communauté produit plus de richesses qu'aucune autre organisation sociale ; et chacun a sa part du produit commun !

C'est dans les chapitres 45 et 51 que les *Communistes* sont plus sérieusement attaqués.

M. de Lamennais reconnaît d'abord que la Terre subviendrait avec profusion aux besoins de tous les hommes s'ils *s'unissaient* pour atteindre un but *d'utilité commune.* — Mais c'est précisément la raison et le but du Communisme.

M. de Lamennais reconnaît que *l'égoïsme* est la première cause du mal, en produisant l'extrême *opulence,* l'extrême *misère* et la *corruption.* — Nous sommes d'accord. — Puis il ajoute :

« Que l'on *s'indigne* de ce désordre, la conscience même en fait un devoir. Qui ne *hait pas le mal* n'aimera jamais le bien. Le mal doit être *combattu* sans relâche... Aussi, de toutes parts, aujourd'hui, s'élèvent des voix qui signalent le désordre et font ressortir le choquant contraste de l'extrême misère à côté de l'extrême opulence ; et jusque-là rien qu'on ne doive *louer.*

Louez donc d'abord les Communistes, car ils s'indignent contre le mal et le désordre. Louez-les, lors même qu'ils *s'indignent* contre la déloyauté et la calomnie ; car la déloyauté et la calomnie sont aussi un mal, un désordre !

« Mais, sous la triste *fascination* d'Ahriman et des siens (le Diable et les Démons), PLUSIEURS *propagent, aggravent* le mal même qu'ils *paraissent vouloir guérir.* »

Mais quel remède si c'est le *Diable* qui les force, et si *Ormuzd* ou le Génie du bien est trop faible ou trop indifférent pour arracher de pauvres créatures humaines à l'irrésistible puissance du Diable ?

Plusieurs propagent...! Mais qui ? Pourquoi ne pas les nommer ?

Combien sont-ils? S'ils sont quelques-uns seulement, pourquoi en parler?

« J'ai moins en vue ici les *absurdes théories*, les *idées folles*, les *systèmes insensés*, qu'ils proposent comme autant de moyens infaillibles de *réformer les vices de l'organisation sociale* et de créer sur la terre une *félicité* telle que les désirs les plus hardis la peuvent à peine rêver; j'ai, dis-je, moins en vue ces *extravagances* qu'une certaine *dépravation des instincts élevés*, du sentiment de la vie de l'homme, réduite par eux, dans son but premier et dernier, à la *satisfaction des besoins et des convoitises :* MATÉRIALISME ABJECT qui rabaisse l'être *moral et intelligent* au niveau de la bête, et qui, d'une question de justice, de devoir, de droit, fait une *question de force* et de *grossiers appétits*.

C'est bien nous, *Communistes*, qui sommes désignés ici, puisque nous seuls travaillons à *réformer les vices de l'organisation sociale*, pour créer la *félicité* sur la terre. Et M. de Lamennais traite nos théories *d'absurdes*, nos idées de *folles*, nos systèmes *d'insensés*, tout cela *d'extravagances...!* Il nous accuse d'un MATÉRIALISME ABJECT qui ne cherche que la satisfaction des besoins matériels et des *convoitises*, des *grossiers appétits*, en faisant de tout une question de *force....!* Mais, Monsieur de Lamennais, je vous ai envoyé le premier exemplaire de mon *Voyage en Icarie;* vous m'avez répondu que vous l'aviez lu. Eh bien! dans quel autre ouvrage le moral et l'intelligence sont-ils plus soignés, plus cultivés, plus perfectionnés? Pourquoi ne faites-vous pas, comme M. *Bastard*, une distinction entre les diverses Sectes Communistes? Cela est-il digne d'un Philosophe?

« *Fatalement* repoussés dès lors dans le principe du désordre, ils ne savent opposer à l'égoïsme et à ses conséquences que *l'égoïsme même*. De quoi s'agit-il pour chacun? De prendre la *place d'un autre*. Qu'à son tour il souffre, que je *jouisse à mon tour :* voilà *toute la réforme*. »

Je proteste! Je vous défie de citer un seul Communiste qui veuille cela! C'est tout dénaturer!

« Le ressort des actes restant le même, on tend à changer, *non l'état général*, mais les positions respectives. »

Je nie! C'est tout le contraire! Les Communistes ne font résulter le *bien individuel* que du *bien général!* Un Communiste Icarien ne peut être heureux que quand tout le monde est heureux. Et, ils sont les seuls qui confondent le bonheur individuel avec le bonheur général!

« Et par quel moyen? En *irritant* le pauvre contre le riche, en le *provoquant, l'aiguillonnant* comme le *taureau* dans l'arène. On excite en son cœur la *haine*, l'*envie*, la *cupidité*, toutes les *passions basses*. »

Ah! c'est trop fort! Nous serions détestables! C'est presque nous dévouer à la persécution! Et cela quand on nous persécute!

A moins de passer condamnation, ne sommes-nous pas forcés, si c'est nous qu'on accuse ainsi, de protester contre l'erreur, la fausseté, la calomnie?

Mais, Monsieur de Lamennais, lisez donc vos propres ouvrages ! lisez les *Paroles d'un Croyant*, le *Livre du Peuple*, l'*Esclavage moderne*, *le Pays et le Gouvernement*, *Jacques Bonhomme* ; et dites-nous quel est l'écrivain le plus irritant, le plus provoquant, le plus aiguillonnant !...

Lisez, par exemple, ce passage du *Livre du Peuple*, préface, p. 7 :

« Regarde, ô Peuple, s'il n'est pas temps de justifier l'auteur des êtres, en te créant un sort plus conforme à sa justice, à sa bonté. — Tu dis : J'ai froid ; et, pour réchauffer tes membres amaigris, on les étreint de triples liens de fer ! — Tu dis : J'ai faim ; et on te répond : Mange les miettes balayées de nos salles de festins ! — Tu dis : J'ai soif ; et l'on te répond : Bois tes larmes ! — Tu succombes sous le labeur, et tes maîtres s'en réjouissent ; ils appellent tes fatigues et ton épuisement le frein nécessaire du travail. — Tu te plains de ne pouvoir cultiver ton esprit, développer ton intelligence ; et tes dominateurs disent : C'est bien ! il faut que le Peuple soit abruti pour être gouvernable ! »

Lisez aussi ce passage de l'*Esclavage moderne*, page 60 :

« Et ce Peuple esclave, de qui se compose-t-il ? Non plus seulement de prolétaires, des hommes dépourvus de toute propriété, mais de la nation entière, à l'exception de deux cent mille privilégiés, sous la domination desquels se courbent honteusement trente-trois millions de Français, véritables serfs de cette époque, puisque leurs seigneurs et maîtres à 200 francs d'imposition, seuls investis du droit de participer à la confection de la loi, disposent d'eux, de leur personne, de leur liberté, de leurs biens, au gré de leurs caprices et, bien entendu, selon leur intérêt exclusivement propre. Après un demi-siècle de lutte contre la tyrannie féodale et royale, après tant d'efforts et de sacrifices, tant de combats pour affranchir l'humanité d'un joug écrasant, voilà où nous en sommes !

« Peuple, peuple, réveille-toi enfin ! Esclaves, levez-vous, rompez vos fers, ne souffrez pas que l'on dégrade plus longtemps en vous le nom d'homme !

« Voudriez-vous qu'un jour, meurtris par les fers que vous leur aurez légués, vos enfants disent : Nos pères ont été *plus lâches* que les esclaves romains ; parmi eux, il ne s'est pas rencontré un *Spartacus*. Il s'en rencontrera et plus d'un, n'en doutons pas ; autrement que resterait-il, qu'à jeter un *peu de terre* sur cette génération *maudite et pourrie* ? »

Aujourd'hui, vous changez de langage : encore non, car voyez ce que vous dites dans votre dernier ouvrage même :

« La terre est recouverte d'une vapeur de *crimes* ; j'enverrai la *tempête pour la balayer*. — Les hommes *d'iniquité* croient leur *puisssance* affermie... Demain l'arbre sera séché jusqu'au sommet. — *Mon jour approche* ; il est là tout près. — Parle aux *tyrans* .. — Parle aux *oppresseurs*... — Parle aux *opprimés*.... »

Il est vrai que, toujours inconséquent avec vous-même, vous voulez qu'on se borne à exhorter le Peuple à la resignation, à la patience ; vous voulez qu'on lui dise qu'il doit se trouver heureux, qu'il a des *compensations magnifiques* dans la *paix intérieure*, dans les affections pures, dans des *plaisirs simples*, dans les *saintes joies* de la famille, comme s'il y avait des plaisirs et des joies pour les hommes qui meurent de faim, pour les familles que vous peint *Eugène Sue* et que le *Populaire* vous montre si souvent ! Vous voulez que le Peuple cherche le remède dans la confiance en Dieu, dans la prière, dans l'espérance du paradis , dans cette invocation : *mon Dieu* , AYEZ PITIÉ du *pauvre Prolétaire* ! Libre à vous ! Je n'examinerai pas si votre écrit nouveau n'est pas en contradiction avec vos écrits anciens et avec lui-même ; mais ne nous accusez pas si nous pensons que *Lazare* est bien malheureux, qu'il n'a point de compensation, et que le remède à sa misère est, non dans des *sermons* seulement ou dans des *prières*, mais dans une ORGANISATION SOCIALE basée sur la *fraternité* et l'*éducation*.

Pour consoler le Peuple, vous lui dites que le *faste extérieur* du riche et l'*ivresse de ses fêtes* ne sont pas dignes d'*envie* : mais vous savez bien que le Peuple n'envie pas le faste et les fêtes ; personne plus que vous ne le montre souffrant la faim, la soif et le froid... C'est du pain, du travail, et ses droits naturels, qu'il réclame...

Vous lui montrez aussi un villageois heureux et tranquille... Mais que prouve le bonheur d'un individu contre la misère de millions d'autres ? Qu'est-ce que cela prouve contre vos cris et vos gémissements sur l'horrible misère de la masse ? Pourquoi criez-vous donc tant ? Vous auriez donc tort de crier ? Vous auriez donc tort tout à l'heure, dans votre chap. 53, de montrer les Prolétaires de la campagne *tristes* et *malheureux*, et le Prolétaire des villes si misérable que vous vous écrierez encore : Mon Dieu, *ayez pitié du pauvre Prolétaire !* Non, Monsieur de Lamennais, je ne connais aucun écrivain aussi *inconséquent* que vous. Il semble que le plaisir de faire un tableau vous fasse toujours oublier la logique et même ce que vous avez déjà dit vous-même !

Mais voici que vous allez porter le coup de grâce aux *Communistes*, en attaquant les *révélateurs* dans votre chap. 51.

« Deux choses gênaient prodigieusement la liberté du sexe le plus faible, le *mariage*, la *famille*, vieilleries indignes d'un âge éclairé, inventions folles, absurdes, qui rabaissaient l'humanité, l'obligeaient de rougir devant les animaux, plus sages. On ne leur a pas laissé un avantage si honteux pour l'homme. Venez, *familles*, venez, *petits !* Trop longtemps opprimés par l'égoïsme individuel insidieusement caché sous les noms d'époux et de père, vous n'aurez désormais de père, d'époux, que tout le monde, que le Genre Humain solidaire ; aucuns droits que les siens, aucuns devoirs qu'envers lui. *Ravissante unité, sublime* PÊLE-MÊLE ! Rien de propre à chacun ; *personnes et biens*, tout se fondra dans une *indivisible communauté*, au sein de laquelle si vous ne jouissez pas d'une félicité égale au moins à celle de la *brute*, vous ne pourrez, pour le coup, vous en prendre qu'à vous-mêmes. »

Encore les *femelles* et les *mâles* et les *petits*, comme dans votre livre *le Passé et l'Avenir du Peuple !* Encore l'accusation contre les Communistes de vouloir l'abolition du Mariage et de la Famille ! Mais c'est une calomnie, et c'est indigne, Monsieur de Lamennais ! Vos actes sont contraires à toutes vos paroles de justice, de charité, de fraternité, d'amour chrétien ou philosophique ! C'est d'autant plus indigne que vous savez bien que c'est l'une des plus dangereuses calomnies que le Pouvoir emploie contre les Communistes ! Et l'on vous appelle le *doux apôtre* de la Réforme, le *doux prédicateur* de la Démocratie ! Vous ne nous avez cependant pas dit à nous, comme vous l'avez dit à d'autres en 1820 : « *Je vous ferai voir ce que c'est qu'un* PRÊTRE ! »

Mais ce n'est presque rien encore ; vous ajoutez :

« Les hommes, il est vrai, tiennent terriblement à la *propriété*, à la *paternité*, au *Mariage* et à la *Famille*... Mais le cas a été prévu. Si le préjugé l'emportait, s'ils s'aheurtaient à refuser des bienfaits d'une importance si capitale et si généreusement offerts, on userait d'une tendre et *salutaire contrainte* ; on conduirait les scrupuleux, les incertains, les opiniâtres, au pied d'un *haut et beau* GIBET *humanitaire*, et là, avec cet accent qu'inspire l'amour cosmopolite, la *sainte ardeur de la charité universelle* envers le prochain, on leur dirait *fraternellement* et pathétiquement : Soyez heureux ou soyez PENDUS ! »

Mais, Monsieur de Lamennais, Monsieur de Lamennais... ! Ayons la force d'achever.

Vous ajoutez que ces dogmes, ces préceptes, ces symboles, y compris le GIBET, sont ce que l'on nomme l'IDÉAL !

Et vos adulateurs admirent l'esprit, la grâce, l'éloquence, le génie, la charité, la douceur, la sublime philosophie, avec lesquels vous vous écriez : « Oh, que j'aime l'IDÉAL ! Vive à jamais, vive l'IDÉAL ! A ge-- « noux, Peuples, devant l'IDÉAL ! »

Puis, vous accusez les Fouriéristes de vouloir la licence dans leur Phalanstère ! — Puis, vous dites que d'autres, prêchant la *doctrine* accommodante des *impulsions irrésistibles*, autorisent le *vol*, le *meurtre !*

Voilà comme vous traitez les Socialistes, Monsieur de Lamennais, vous, doux apôtre de charité et de fraternité ; vous, doux prédicateur de la Démocratie et de la Réforme ; vous, dont les écrits, encensés par l'esprit de parti, vont en France et en Europe donner une si belle idée des Socialistes Français !

Quel mépris et quelle haine n'aura-t-on pour eux si l'on vous *croit;* si l'on a *foi* en vos paroles, comme vous le demandez sans cesse ! Quelle arme même ne fournissez-vous pas à la *persécution !* Que peuvent dire de plus les agents les plus violents du Pouvoir, la Police, les Procureurs du Roi, nos ennemis les plus haineux ?

Mais pourquoi ne citez-vous pas les sectes, les partis, les écrivains, à qui vous entendez attribuer ces doctrines, comme vous avez nommé *Malthus* et *M. Duchatel* (pag. 256) ? Pourquoi enveloppez-vous toujours les généralités dans l'obscurité de vos sarcasmes et de vos accusations? Pourquoi si peu de franchise? Est-ce là l'allure qui convient à la philosophie, à la raison, à la vérité, à la force?

Je ne vous dirai pas tout ce que je pense de vos attaques, Monsieur de Lamennais : je craindrais d'aller trop loin, et je veux rester dans la modération qui convient à la pureté de notre doctrine.

Mais vous pourriez nous faire un mal affreux avec des écrits que tous les journaux encensent et qu'on répand dans toute l'Europe ; trompés par vous, beaucoup de gens en France et ailleurs applaudiraient peut-être à notre destruction ; et vos attaques pourraient enhardir le Pouvoir à tenter de nous détruire. Le salut des Communistes en masse, notre cause, qui est celle du Peuple et de l'Humanité, nous imposent le devoir de vous répondre avec fermeté.

Sans employer comme vous l'ironie (moyen aussi facile que peu dignes), je vous dirai franchement et nettement que vos vagues accusations relatives aux *femelles* et aux *petits*, au *gibet*, au *vol* et au *meurtre*, sont des *calomnies*; car vous savez bien qu'il n'y a pas de morale plus fraternelle et plus pure que celle de la Communauté d'Icarie ; vous savez bien que personne ne veut la Famille aussi vivement et aussi sincèrement que les Communistes Icariens ; vous savez bien qu'ils protestent sans cesse contre la violence et qu'ils n'invoquent que la discussion et la persuasion !

Intéressé à ravir à votre parole accusatrice son autorité, je ne dirai pas que vous accusez peut-être par ressentiment des critiques dirigées par tous les Socialistes contre votre livre du *Passé et de l'Avenir du Peuple*, quoique votre mot de 1820 : *Je vous ferai voir ce que c'est qu'un prêtre*, rappelle involontairement cet autre mot plus connu : *Tant de fiel entre-t-il dans l'âme des dévots !*

Pour affaiblir l'influence de vos anathèmes d'aujourd'hui, en démontrant que vous êtes l'*inconséquence* incarnée, je ne fouillerai pas vos écrits, vos opinions, vos sentiments, vos actes, vos variations depuis 1814 à 1834; il me suffira d'opposer votre *Livre du Peuple* à vos autres écrits, et chacune de vos pages à vos autres pages, en ajoutant seulement que vous faites *bénir* aujourd'hui par *Dieu* ce que vous faisiez auparavant *maudire* par la *Providence*, preuve que vous bénirez peut-être un jour cette pauvre Communauté que vous maudissez aujourd'hui après l'avoir déjà bénie sous le nom de grande famille.

Mais je vous dirai sans déguisement, Monsieur de Lamennais, que personne n'a, moins que vous, le droit d'accuser les autres de violence, parce qu'aucun écrivain n'est aussi violent que vous l'êtes. Il est vrai que, favorisé par votre style biblique, vous ne parlez que du *jour de Dieu* qui approche, de la *tempête* qu'il enverra pour *balayer* la vapeur de crimes qui couvre la terre… d'un *petit ver* auquel il commande de piquer la racine de la puissance des hommes d'iniquité, pour sécher l'arbre jusqu'au sommet... de *l'épée* que les *forts* placent sous leur tête quand ils se couchent dans la tombe... — Mais on sait ce que ces douces expressions signifient sous la plume des Prophètes, des Papes et des Prêtres, qui, d'un mot, ou d'un mouvement de sourcil, ou d'une pensée, font faire de terribles choses à leurs Dieux vengeurs et tout-puissants !

D'un autre côté, n'est-ce pas un spectacle bien stupéfiant de nous voir, nous Communistes, prêcher la doctrine de Jésus-Christ, des Apôtres, des Evangiles, des Pères de l'Eglise, sur la Communauté, comme unique moyen de réaliser la *fraternité*, l'égalité et la liberté, et de vous voir, vous Prêtre Chrétien, repousser avec tant d'ardeur et calomnier avec tant d'opiniâtreté cette Communauté préchée par Jésus ?

Du reste, vous ne traitez pas mieux la *France* que les Communistes ; car c'est sans doute la France que vous allez désigner :

« Ainsi deviennent les Peuples en qui *la vie d'en haut* s'est éteinte, où chacun, courbé vers la terre, n'aspire qu'à ce qu'elle peut donner, n'a de *règle que ses convoitises*, de but que soi.

« Vois cette *poussière d'hommes :* ce fut autrefois une *Nation*. Qu'en reste-t-il ?

« Plus de lien, *plus de croyances*, plus de commune pensée, plus d'amour ; tout est mort en elle, excepté les *appétits de la bête* ; elle a tout perdu, jusqu'à l'instinct de ses destinées.

« Cherche en elle quelque trace du sentiment d'elle-même, de *dignité*, d'honneur, d'élan généreux, de ce qui fait qu'on meurt pour mériter de vivre ; frappe sur sa poitrine, elle *sonne creux*.

« Je l'ai *livré* pour son *châtiment* au *Génie même de la bassesse*, à la plus abjecte *Tyrannie* qui ait jamais étouffé dans sa *fange* un Peuple qui n'en est plus un. »

Mais à quoi bon ces injures à la France ? Pourquoi ne la persuadez-vous pas et ne lui donnez-vous pas une Religion ? Pourquoi d'ailleurs la châtiez-vous, puisque c'est le Diable qui l'entraîne, comme vous le remarquez ensuite ?

« Mais tu n'es pas descendu de toi même ; *on t'a lié* pendant ton sommeil, puis *on t'a roulé* sur la pente. Sans défiance et sans prévoyance, tu as bu à la coupe *envenimée* qu'on te présentait : c'est pourquoi *tu revivras*. »

Mais alors, pourquoi châtier cette malheureuse France, la faire mourir ? Toujours des inconséquences, Monsieur de Lamennais !

Et revoici cette maudite inconséquence ; car, quelques pages plus bas, vous revenez au châtiment ;

« Voici ce que j'ai dit, moi le *Seigneur-Dieu :* MALHEUR aux *Nations* qui *m'oublient*, aux *Peuples* qui *rompent* avec moi ! »

Mais, Monsieur de Lamennais, vous avez dit (V. plus haut page 17) que toutes les Religions, jusqu'aujourd'hui, étaient des *mensonges*, et que tous les Prêtres étaient des *menteurs :* Vous dites donc *malheur* aux Nations qui ne croient pas *aux mensonges et aux menteurs !* Vous répétez continuellement aussi que la *destinée* des Nations est réglée par Ormuzd, et que les Démons les entraînent : Vous dites donc *malheur* aux Nations que la *destinée et les démons* empêchent de croire ! Vous savez bien d'ailleurs que les Nations, les Peuples, sont des *abstractions*, et que les hommes ne peuvent jamais se réunir pour délibérer, vouloir, agir, comme Nation ou comme Peuple ; vous savez bien que ce sont les Gouvernements, les Aristocraties, les Prêtres, qui dirigent et maîtrisent les Nations.

Condamnez donc Ormuzd, la Destinée, les Démons, les Gouverne-ments, les Aristocraties, les Prêtres, et vous même qui ne savez pas persuader et faire adopter une Religion nouvelle ! Oui, Monsieur de Lamennais, avant d'accuser la Nation, c'est vous qu'il faudrait accuser et condamner ; car enfin, vous êtes membre de la Nation, vous êtes Français ; et si vous Prêtre, qui depuis quarante années étudiez les religions, vous ne pouvez pas formuler la véritable, comment voulez-vous qu'un pauvre prolétaire puisse la formuler, et comment voulez-vous le châtier, lui qui n'est pas aussi réellement que vous membre de cette Nation ? Ayez donc assez de justice pour épargner ces pauvres Nations et ces pauvres Peuples, qui sont bien innocents !

Cependant, suivant vous, Ormuzd dit à la Nation française :

« Parce que tu m'as *banni* de tes pensées et *rejeté* de ton cœur, que tu n'as voulu *d'autre maître* que toi-même ; — Parce que tu t'es enveloppé dans ton *orgueil*, comme un roi de théâtre dans son manteau de pourpre ; — Parce que tu as *choisi* LES SENS *pour tes conseils*, que tu as dit aux *convoitises* : soyez ma loi ; et à la *matière* : sois mon bien ; — Parce que tu as *renoncé à tout ce qui te faisait grand* ; — Je t'ai *châtié*.

Mais tous les individus crieront qu'ils n'ont rien fait de tout cela ! Beaucoup sont très religieux, comme vous ; et tous ces innocents, les enfants mêmes, sont châtiés par Ormuzd ! Belle justice vraiment ! philosophie sublime ! Et le châtiment n'est pas léger ! Le voici :

« Du *cloaque* où croupissent et fermentent les balayeurs de tes cités, les consciences corrompues, les âmes pourries, j'ai fait monter ce qu'il y a de plus vil, de plus abject, de plus immonde pour *dominer sur toi.*

« Je t'ai abaissé au-dessous de ce que jamais on vit de plus bas. Je t'ai courbé sous le *fouet* et le *bâton* ; je t'ai rendu enviable le sort même de la *bête de somme*, qu'on n'enferme point en des cachots, qu'on ménage, parce qu'elle a un prix.

« Je t'ai jeté comme un jouet aux autres peuples.

« Je t'ai livré à leur insulte et à leur risée. En passant, ils te regardent avec dédain gisant à terre, et te poussent du pied. Réponds-moi, est-ce assez d'opprobre ?

« Une *fièvre ardente* dévore tes entrailles, et pour trouver la source où s'apaisera ta soif, tu t'en vas sous le soleil, *pauvre insensé*, fouillant et creusant le sable brûlant.

« La *faim* dévore tes fils et tes filles ; on les a vues, pour vivre, ramasser dans la boue le pain de la *prostitution*.

« Est-il une *misère* qui ne soit tienne ? une douleur qui ne pèse sur ton corps, sur ton âme ? une honte que l'on t'ait épargnée ?

Mais quel châtiment, Monsieur de Lamennais ! Quel Dieu vous nous faites, égoïste, orgueilleux, jaloux, colère, vindicatif, inexorable, terrible ! Quelle idée vous nous donnez de la bonté suprême, de la suprême justice ! Vous confondez toutes les parties du Peuple, les petits et les grands, les pauvres et les riches, les ignorants et les instruits, les faibles et les puissants, les gouvernés et les gouvernants, les opprimés et les oppresseurs ! O que Jésus-Christ faisait Dieu bien différent, paternel, bon, indulgent, miséricordieux !... Comme il séparait toujours les pauvres des riches, les opprimés des oppresseurs, toujours rempli de tendresse pour les malheureux, réservant toutes ses rigueurs pour les Scribes et les Pharisiens ou les riches et les puissants , envoyant *Lazare* ou le Peuple en paradis et le riche inhumain en enfer !

« Mon joug t'importunait, tu l'as secoué, tu m'as renié pour père ; te voilà tel que tu l'as voulu, sans autre règle que tes appétits, sans autre lumière que leurs ténèbres, sans autre force que celle de tes os et de tes muscles.

« Tu t'es fait *brute*, on te traite comme la *brute*. Ceux qui ont dit : Faisons de lui notre proie, enfoncent dans ta chair leurs ongles aigus. Crie à tes prophètes qu'ils te sauvent s'ils peuvent !

Mais non, Monsieur de Lamennais, ce n'est pas là la réalité des choses ! Vous vous perdez dans des nuages, dans des hauteurs imaginaires et chimériques : descendez donc sur la Terre ! et vous verrez que ce n'est pas le Peuple qui *s'est fait brute*, que le Peuple n'a jamais *voulu* être *tel qu'il est,* pas plus qu'il ne veut aujourd'hui la loi contre l'Association et les Bastilles !

« Comprendras-tu enfin que la vie vient de moi, qu'elle est le souffle même de ma bouche ?

« Ouvre les yeux, suscite en ton cœur une sincère *repentance*, et j'étendrai ma main, la main qui t'a frappé, et elle te relèvera, et les oppresseurs à leur tour sentiront le poids de ma justice, et tu seras encore le Peuple de mon choix, le Peuple que tous les autres, dans *l'attente de l'avenir mystérieux*, regarderont avec espérance. »

Mais, Monsieur de Lamennais, qu'est-ce que tout cela signifie ? Quelle philosophie est-ce là ? A quoi cela peut-il être bon et utile ? Quelle conversion peut faire ce style vindicatif, haineux , impitoyable, sans onction et sans véritable amour ? Quelle réforme cela pourra-t-il opérer sur les Gouvernements, sur les Aristocrates, sur les Prêtres, sur les Riches ? Quelle réforme sur les Pauvres ?

Et puis, vous ne voyez pas, Monsieur de Lamennais, que vous justifiez tous les despotismes, toutes les tyrannies , tout ! Quand on vous condamne, quand on vous emprisonne, pourquoi ne baisez-vous pas a main du geôlier, puisque c'est Ormuzd qui frappe la Nation et tous ses membres en châtiment de l'incrédulité nationale ?

Vous n'avez donc pas vu, Monsieur de Lamennais, que vous justifiez toutes les vengeances prétendues divines, toutes les persécutions prétendues religieuses, toutes les Saint-Barthélemy, l'extermination des Américains par les Espagnols, et toutes les exterminations passées En vérité, qui ne devrait trembler si vous étiez Ormuzd, ou un Amschaspand, ou seulement Pape ? Car vous parlez précisément comme l'Évêque d'Évreux (l'abbé Olivier), qui, hier en chaire, s'écriait : « Que « la COLÈRE du *Tout-Puissant* venait de s'appesantir sur la race de la « *Guadeloupe* en engloutissant la ville de Pointe-à-Pitre, à cause de « SON INDIFFÉRENCE RELIGIEUSE et de son IMPIÉTÉ ! »

La Presse Réformiste et Anti-Communiste n'a pas assez d'anathèmes contre cette cruauté, cette sauvagerie, de l'Abbé Olivier, et elle a bien raison ! Mais l'abbé Olivier ne fait qu'appliquer vos principes ; et pour être conséquent, il faut laisser périr de faim les impies que la colère céleste a frappés par un tremblement de terre. Et quand vous, abbé de Lamennais, vous traitez la grande France et toutes les Nations comme l'abbé Olivier traite une petite ville, expliquez-moi, je vous prie, comment il se fait que cette même Presse-Anti-Communiste n'ait pas d'expressions assez puissantes pour exalter votre douce, charitable, pure, sublime et presque sainte philosophie... ?

Quant à moi, votre philosophie me paraît si impitoyable et si tyrannique, je suis si surpris de vous voir faire dire à Ormuzd : « *Malheur* « aux Nations qui *m'oublient*, aux Peuples qui *rompent* avec moi, » que je crains que les Démocrates et les Réformistes ne soient les dupes de leur confiance et de leur crédulité. Vous me sentez le prêtre mille fois plus que le philosophe, et je soupçonne que le doux prédicateur de la Démocratie pourrait bien n'être qu'un intolérant *théocrate* ; et je n'en doute presque plus quand, ouvrant l'un de vos écrits de 1829, j'y trouve les mêmes idées plus formellement exprimées, la *Souveraineté de l'Église*, la nécessité d'une *Religion obligatoire* et d'une *Autorité divine* ayant le droit de *commander la foi*, c'est-à-dire le pouvoir absolu du Pape et des Prêtres.

Non, Monsieur de Lamennais, vous n'êtes pas le moindrement *Philosophe;* vous n'êtes que *Prêtre;* et je défie que tous les Prêtres les plus fougueux et les plus fanatiques puissent rien dire en chaire de mieux pour eux que ce que vous faites dire à Ormuzd : — « MALHEUR aux Nations « qui *m'oublient*, aux Peuples qui *rompent* avec moi ! »

Sous la Restauration, depuis 1814 à 1830, quand, l'un des Royalistes les plus ardents sous le titre de l'abbé *F. de La Mennais*, vous faisiez la guerre à la Révolution, aux Révolutionnaires et aux Bonapartistes, vous ne défendiez les Rois qu'à la condition qu'ils seraient soumis à l'Église ou aux Papes. Hé bien ! quoique vous soyez aujourd'hui tout simplement *F. Lamennais*, prédicateur de la Démocratie et Président du Comité central de la Réforme, n'est-ce pas toujours à la condition que la Démocratie et la Réforme seront soumises à *Dieu* (Ormuzd ou

autre), c'est-à-dire à l'*Eglise* ou aux Prêtres ? Qu'importe que le gouvernement soit une Monarchie ou une République ou une Démocratie
pure, pourvu que la Théocratie domine, que l'Église soit souveraine,
que la Religion soit obligatoire, et que les Prêtres commandent la Foi,
exercent une autorité prétendue *divine*, et puissent faire dire chaque
jour à Ormuzd : — « *Malheur* aux Nations qui *m'oublient*, aux Peu-
« ples qui *rompent* avec moi ! »

Lorsque, récemment, l'*abbé Constant* déclarait aux prêtres une
guerre si violente, se mêlait aux Réformistes et aux Républicains, et se
montrait le plus violent des Démocrates pour capter la confiance des
Ouvriers, je ne pus m'empêcher de le suspecter, et j'avais bien raison,
car le voilà qui vient de mourir chez un Curé en rétractant et désavouant
comme des folies ses opinions et ses écrits. Je ne dis pas qu'on verra
se réaliser cette prédiction qui vient, par hasard, de me tomber sous la
main : « L'abbé de Lamennais *se convertira et fera pénitence.*»—Mais
je dis que vous ne servirez jamais mieux la Théocratie que vous le faites
maintenant.

Et j'ajoute que , de tous les phénomènes arrivés depuis quelque
temps, il n'en est guère de plus étonnant que celui qui montre le Parti
démocrate et républicain (si hostile à la Théocratie pendant notre
grande révolution , puis sous la Restauration, et encore aujourd'hui),
vous accepter pour prédicateur et pour maître, vous qui disiez, qui
dites et qui direz toujours : — « *Malheur* aux Nations qui *oublient* le
Seigneur, aux Peuples qui *rompent* avec lui ! »

Quoi qu'il en soit, voici votre conclusion dans le chapitre 55 et dernier :

« Les *grandes et magnifiques destinées* réservées aux hommes maintenant délaissés en apparence, en apparence livrés aux Darvans (ou
Démons), ne sont séparées d'eux que par un *voile moins épais* que *le
plus léger nuage.* »

Mais, Monsieur de Lamennais , de grâce, par pitié, déchirez donc
ou soulevez ce *voile* ! Faites-nous jouir de ces *grandes et magnifiques
destinées* ! Montrez-nous-les du moins ces destinées !

« Les Religions du passé meurent; mais la *Religion de l'Avenir*
germe dans leurs ruines, et n'attend pour éclore qu'un *rayon d'en
haut.* »

Mais, Monsieur de Lamennais, faites donc descendre le *rayon d'en
haut,* quoique vous nous ayez dit que l'heure de cette descente est
fixée par le Destin ! Formulez du moins la *Religion de l'Avenir* !

« Les vieilles *Sociétés* périssent ; mais les éléments de la *Société fu-
ture* s'élaborent et s'attirent en secret par une divine affinité...

« Qu'importe le temps ? qu'importent le labeur, la fatigue , la peine ?
qu'importent les *souffrances* pourvu qu'elles soient fécondes ?

« Elles le seront; *je vois,* je vois déjà les Générations présentes à l'IMMUABLE pensée d'Ormuzd en cueillir le fruit, et, pleines d'une *joie sainte*, célébrer dans leurs *hymnes* la défaite d'Abriman et le *triomphe du Bien...* »

Vous terminiez le *Passé et l'Avenir du Peuple* par ces mots : « Prolétaires, *croyez et votre foi vous sauvera;* » en sorte que le salut dépendait des prolétaires, de leur foi, de leur croyance ; et maintenant vous terminez *Amschaspands et Darvans* en présentant la pensée d'Ormuzd comme *immuable*, en sorte que les prolétaires n'y pourraient rien ; c'est-à-dire qu'on trouve toujours en vous inconséquences et contradictions !

En résumé, vous condamnez l'Organisation sociale actuelle, vous repoussez en les dénaturant le Communisme et les autres Systèmes sociaux ; mais vous n'organisez rien, vous ne remédiez à rien, et vous remettez le salut de l'Humanité à une Religion nouvelle que vous ne pouvez pas même formuler.

Nous, au contraire, nous invoquons la raison et l'intelligence humaines, l'histoire et l'expérience du Genre humain ; adoptant pour base les principes du Christianisme, nous appliquons partout la fraternité et l'égalité ; nous soignons à la fois l'esprit, l'âme, le cœur et le corps ; nous présentons une organisation complète de l'industrie, du travail, de la société ; nous décuplons et centuplons la production par la science et les machines ; nous supprimons la misère et l'opulence, l'égoïsme et les convoitises ; nous coupons la racine à tous les vices ; nous réalisons le paradis sur la terre; et nous arrivons au sentiment religieux le plus pur et le plus sublime, car nous n'avons plus qu'à remercier la Nature de tous les bienfaits qu'elle nous a prodigués pour notre bonheur à tous.

Plus qu'un mot. Je vous le répète :

Formulez votre Religion, votre dogme, votre croyance, votre foi, votre code du droit et surtout du devoir ; montrez-nous une grande Société organisée d'après votre système ; faites mieux que le *Phalanstère*, mieux qu'*Icarie* : il n'y aura plus alors ni Fouriéristes ni Communistes; et nous serons heureux de vous saluer comme un sauveur, Monsieur de Lamennais ; car nous ne rêvons et ne désirons que le *bonheur de l'Humanité*.

Mais si vous vous obstinez à nous attaquer, nous nous obstinerons à nous défendre.

Mars 1843.   CABET.

NOTA. Nous ajoutons ci-après la réfutation d'un article sur la Communauté dans l'*Almanach de la Démocratie*.

ALMANACH DE LA DÉMOCRATIE

(POUR 1843).

Ce petit Almanach contient un article, signé J. B., intitulé : *Sur le Communisme*, dans lequel nous lisons :

« Le Communisme séduisit promptement les travailleurs ; car ses principes sont faciles à comprendre ; ils placent en *première ligne* la satisfaction des besoins matériels, imposent à chaque individu l'activité suivant sa force, lui assurent toutes les garanties d'existence, en raison de *son degré d'utilité* dans la Société. Les *arts*, les *lettres*, sont *peu considérés* s'ils ne sont pas proscrits : *par dessus tout on veut vivre matériellement, et la vie intellectuelle n'est pas indispensable.* »

Erreur ! les Communistes mettent la nourriture de l'esprit sur la même ligne que la nourriture du corps ; ils veulent le partage des produits d'après la base de l'Égalité et de la *Fraternité*, et ils ont raison ils estiment beaucoup les arts et les lettres qui sont utiles à la Société.

« Cette exaltation du matérialisme est *déplorable ;* cependant on conçoit sans peine qu'elle se soit produite chez des hommes pressés par la disette. Peuvent-ils s'attacher à ce qui intéresse l'ESPRIT, *tant qu'ils n'auront pas pourvu* aux besoins de leur *corps.* »

On trouverait donc ce sentiment bien naturel, si c'était le leur : mais ils veulent soigner en même temps l'*esprit* et le *corps.*

« Du reste, les doctrines Communistes, quoiqu'elles s'appuient d'autorités anciennes et modernes, sont encore *vagues, indécises,* comme les recherches et les théories premières, et entre toutes il y a des *divergences* sur lesquelles les sectaires ne sont pas d'accord. »

Et quelle est la doctrine philosophique, religieuse, sociale, politique, qui peut se vanter d'être moins vague, moins indécise, moins divisée en sectes divergentes ?

« Le Communisme, selon nous, doit être considéré comme une *protestation* contre l'organisation sociale actuelle, comme l'idée réformiste est une protestation contre l'organisation politique. Au point de vue de sentiment il est *bon*, puisqu'il tend à rapprocher les hommes par l'égalité. »

Ainsi, l'on veut bien approuver le Communisme comme *protestation* et comme *sentiment* : c'est quelque chose !

« Quant à ses *formules*, il est permis de ne pas y adhérer sans que l'on soit pour cela *dénué de raison*, comme le prétendent *quelques grands prêtres* de la Communauté. Les esprits éclairés rejetteront toujours ce qu'elles ont d'exagéré ; mais la discussion sur les théories, où l'on ne peut nier qu'il se trouve de *saines idées de justice*, nous acheminera vers une *réforme sociale* dont le désir est partout. »

Nous défions de nommer aucun Grand Prêtre et même personne qui

prétende qu'il faut être *dénué de raison* pour ne pas adhérer aux formules Communistes : mais c'est déjà leur rendre hommage que de reconnaître que la *discussion* de ces théories acheminera vers une réforme
sociale.

« Entre autres *erreurs* du Communisme, nous signalerons celle-ci :
ses partisans s'imaginent que les progrès en politique *n'influeraient
en rien* sur les modifications à apporter dans les lois sociales. Il *suffit
de leur rappeler* que le pouvoir étant entre les mains des classes pri-
vilégiées, jamais elles n'ont été entraînées par la seule force de la raison
et du sentiment, à rendre meilleure la condition des classes qu'elles
voyaient écrasées par l'excès du besoin. »

Mais comment peut-on dire il SUFFIT *de* RAPPELER *aux Communistes,* etc. ? Comment peut-on supposer qu'ils ont besoin qu'on leur
rappelle ? Comment peut-on supposer surtout, qu'un mot de qui que ce
soit SUFFIT pour les convertir sur un point capital ? N'est-ce pas
commettre soi-même la plus monstrueuse *erreur* que d'affirmer que
les Communistes ignorent et nient l'influence de la Réforme politique
sur la Réforme sociale, eux qui crient aux Démocrates : *Réformez donc,
réformez la politique !*

Néanmoins (et nous aimons à le reconnaître) cette critique du Communisme est plus modérée et plus impartiale que beaucoup d'autres.

CABET.

Paris. — Imp. d'A-T. BRETON, 131, rue Montmartre.

RÉCENTS OUVRAGES DE M. CABET.

Histoire populaire de la Révolution française de 1789 à 1830, 4 vol. in-8, 18

CONTRE LES BASTILLES :

Point de Bastilles ! . . . . 30 c.
L'Embastillement serait la ruine de Paris et de la France. . . . . 50 c.
Dialogue sur les Bastilles entre M. Thiers et un courtisan. . . . . 15 c.
Bombardement de Barcelone, ou voilà les Bastilles. . . . . . 1 fr.

CONTRE LE NATIONAL :

Le National traduit devant le tribunal de l'opinion publique par
  M. Cabet, et M. Cabet se défendant contre le National. . . . . 50 c.
Procès de M. Cabet contre le *National*. . . . . 30c.
Nouvelle Réponse de M. Cabet aux nouvelles attaques du *National*. . 15 c.

SUR LA COMMUNAUTÉ :

Comment je suis Communiste . . . . 15 c.
Credo Communiste. . . . . 15 c.
12 lettres d'un Communiste à un Réformiste. . . . . 1 f. 50 c.
Réfutation des ouvrages de l'*Abbé Constant*. . . . . 30 c.
  — de *l'Humanitaire* . . . . 15 c.
  — de *l'Atelier* . . . . 30 c.
Arrêt Quénisset. . . . . 60 c.
Ma ligne droite, ou le véritable chemin du salut pour le Peuple. . . . 60 c.
Propagande Communiste. . . . . 15 c.
Le Guide du Citoyen aux prises avec la Police et la Justice . . . . 30 c.
Toute la vérité au Peuple. . . . . 50 c.
Le Démocrate devenu Communiste malgré lui, ou Réfutation de M. Thoré 20 c.
Réfutation de quatre Articles du *Dictionnaire politique*. . . . . . . 15 c.
Utile et franche explication avec les Communistes lyonnais. . . . . 25 c.

ALMANACH ICARIEN (troisième édition) 50 cent.
VOYAGE EN ICARIE (nouvelle édition) 4 fr.

LE POPULAIRE

Paraît tous les mois.—Paraîtra incessamment tous les dimanches.

Pour un an : 12 fr. — Pour 6 mois : 6 fr. — Pour 4 mois : 4 fr.

Bureau : rue Jean-Jacques Rousseau, 14.